AF396205

LA PATISSERIE

POUR TOUS

MANIÈRE DE LA FAIRE, DÉMONTRÉE ET EXPLIQUÉE

A L'USAGE DES CUISINIERS & CUISINIÈRES DE MAISON BOURGEOISE

ILLUSTRÉE DE 25 PLANCHES

SE TROUVE CHEZ L'AUTEUR : PATISSERIE DES TUILERIES

BOURDON

167, — RUE SAINT-HONORÉ, — 167

Innovateur et Fondateur de la Société de Secours mutuels
des Pâtissiers-Glaciers de Paris, 1868.

MÉDAILLE D'ARGENT A L'EXPOSITION GASTRONOMIQUE, PARIS 1873

MÉDAILLE ET DIPLOME D'HONNEUR, PALAIS DE L'INDUSTRIE 1874

PRIX : 5 FR.

PARIS

ASSOCIATION GÉNÉRALE TYPOGRAPHIQUE

RODIÈRE ET Cᵉ

19, Rue du Faubourg-Saint-Denis, 19

1874

AVANT-PROPOS

Je serai très-heureux si, en écrivant ces quelques notes, je puis remplir le but que je me suis proposé, c'est-à-dire, venir en aide à tous ceux qui, soit à la campagne ou à l'étranger, désirent se procurer les entremets, desserts et petits-fours de notre succulente et si utile pâtisserie parisienne.

Car, sans elle, pas de bons dîner, pas de beaux desserts.

C'est surtout à Messieurs et Mesdames les Cuisiniers et Cuisinières que j'offre mes recettes, avec la manière de faire simplifiée, à l'usage de la campagne. Ayant connu personnellement les difficultés que l'on peut rencontrer hors la ville, je les ai amoindri autant qu'il m'était possible de le faire.

Mon but, en faisant ce livre, n'est pas de faire des ouvriers capables de travailler le sucre en pièces, que l'on ne peut exécuter qu'après de longues années d'une étude assidue et d'un labeur infatigable; mais j'espère qu'avec mes notions, et le goût aidant, on pourra réussir de ces bons entremets qui complètent le dîner; je ne prétends pas que ceux ou celles qui n'auraient pas encore fait de pâtisserie réussiront de suite, mais je certifie qu'à la troisième ou quatrième fois, elle sera bien faite, à la condition expresse de bien suivre mes recettes, point par point.

Je recommande de bien faire les mélanges; comme la chimie, la pâtisserie exige en cela beaucoup de soins, surtout dans la préparation des pâtes ou appareils, qui peuvent ne pas réussir, faute d'avoir bien observé les proportions; le four trop chaud ou trop froid est encore un des inconvénients des plus sérieux pour certains articles.

La propreté des ustensiles et moules est aussi une des conditions les plus délicates du métier, je recommande surtout de ne jamais employer rien de gras.

Je fais toutes ces observations désirant ne rien négliger pour enseigner ces parties d'un travail qui finit et achève le bon Cuisinier ou la bonne Cuisinière.

Votre dévoué,

BOURDON.

22 janvier 1874.

PREMIÈRE PARTIE

N° 1. — DES PATES

Beaucoup de personnes se figurent que toutes les farines sont bonnes pour la pâtisserie, moyennant qu'elles soient bien blanches ; je laisse à chacun son discernement, pour moi, je conseillerai toujours le gruau, ou la farine de première marque quand l'on ne peut se procurer du gruau, d'autant plus qu'il est très-fâcheux pour nos pâtes d'avoir de la farine qu'en terme de pâtisserie (Relâche) ce qui veut dire ne prendre pas autant de lait, d'eau ou d'œufs que la composition le désire ; il faut tenir plus fermé dans ce cas-là, naturellement le travail se fait tout de même, mais n'est pas aussi bien réussi.

N° 2. — PATE A FONCER

Ce que nous appelons pâte à foncer est celle qui nous sert à faire les flans et les petits gâteaux garnis de fruits, ainsi que les croûtes, timbales, etc.

Pour bien faire cette pâte, prenez cinq cents grammes de farine passée au tamis, vous la mettez sur un endroit de votre table, très-propre, et faites un trou au milieu avec la main ; quand ceci est fait, vous mettez dans le milieu dix grammes de sel fin, puis trois cents grammes de beurre fin que vous avez le soin de manier pour le ramollir ; avant de faire votre mélange, vous ajoutez à cela, environ un quart de litre d'eau, si c'est en été ; un peu plus, si c'est en hiver ; pour faire cette pâte, il faut faire le mélange en serrant légèrement dans les mains pour commencer à mêler de façon que l'eau et le beurre soient absorbés par les trois quarts de la farine, alors vous rassemblez et vous la fraisez deux ou trois fois ; ce que nous appelons fraiser, c'est, avec la paume des mains, faire glisser le mélange, par petites parties, sur une longueur de dix à douze centimètres, afin que tout ceci soit bien lié ensemble ; cette opération faite, vous rassemblez comme il faut votre pâte, la saupoudrez légèrement de farine et la mettez à reposer dans un endroit frais, environ deux heures, avant de s'en servir.

Nº 3. — PATE A PATÉ

La pâte à pâté se fait de la même manière que la pâte à foncer; sauf les proportions des marchandises qui changent un peu, et, autant que possible, la tenir plus ferme. Pour cinq cents grammes de farine, il faut dix grammes de sel fin, deux jaunes d'œufs et deux cents grammes de beurre fin, un peu moins d'eau, et, une fois le mélange fait, bien la rassembler et la laisser également reposer dans un endroit frais, deux heures avant de s'en servir.

Nº 4. — PATE D'OFFICE

Pour cinq cents grammes de farine, il faut deux cent cinquante grammes de sucre en poudre, deux blancs d'œufs et détrempez avec un peu d'eau tiède, tenir cette pâte ferme, elle ne se mange pas, mais elle est très utile parce qu'elle sert à faire des fonds pour pièces montées, pour socles ou comme dessous de plat ; cette pâte n'a besoin que d'être mêlée soigneusement.

N° 5. — PATE SÈCHE ORDINAIRE

Vous prenez cinq cents grammes de farine tamisée dans laquelle vous ajoutez cent vingt cinq grammes de sucre en poudre et cent vingt cinq grammes de beurre fin, deux œufs entiers, un peu d'eau de fleur d'oranger et un peu de lait, mêlez soigneusement, tout en tenant ferme ; une fois bien rassemblée, vous la laissez reposer avant de vous en servir ; avec cette pâte, on fait les dessous d'entre-mets et des petits gateaux secs ordinaires.

N° 6. — PATE SÈCHE POUR PETITS FOURS

Vous prenez cinq cent grammes de farine tamisée, auquel vous incorporez deux cent cinquante grammes de sucre en poudre et deux cent cinquante grammes de beurre fin, ainsi que six jaunes d'œufs, un peu de lait (très-peu) ; vous faites votre mélange en ajoutant un peu de zeste de citron ou d'orange, haché très-menu, vous fraisez une fois et rassemblez bien votre pâte, vous la mettez à reposer, et avec

cette pâte vous faites cinq ou six sortes de petits
fours avec les emporte-pièce.

N° 7. — PATE A BRIOCHE

Vous préparez cinq cents grammes de farine
tamisée, sur votre table, vous marquez une croix sur
le dessus, comme si vous alliez la partager en quatre
parties, vous en prenez un quart et vous faites,
comme pour les pâtes ordinaires, un trou au milieu
de chacun des deux tas de farine; dans celui des
trois quarts, vous mettez dix grammes de sel fin et
dix grammes de sucre en poudre plus un peu d'eau
pour faire dissoudre le sel et le sucre, puis vous
cassez six œufs dans un bol, six si c'est en été, et
sept si c'est l'hiver, et vous mettez auprès de vous
cinq cents grammes de beurre fin, que vous avez
soin de ramollir si besoin est. Quand ceci est prêt,
vous mettez dix grammes de levure dans le milieu
du quart de la farine et vous la mélangez avec un
peu d'eau chaude, pas assez chaude pour brûler et
cependant un peu plus que tiède; quand la levure
est bien fondue, vous mélangez très-bien avec la
farine et un peu d'eau chaude en tenant ferme et en
travaillant ce mélange, c'est ce que nous appelons
faire le levain; ceci terminé, vous le rassemblez en
boule, le saupoudrez de farine, faites quelques inci-

sions dessus avec le couteau et le mettez à revenir; pour qu'il soit revenu à point, il faut qu'il soit le double de sa grosseur, plutôt plus que moins, pour le mettre à revenir, soit dans une assiette, soit dans une casserolle ; si c'est l'été, il reviendra bien sans le couvrir, si c'est l'hiver, il faut le faire revenir dans un endroit un peu chaud, tel qu'une étuve de fourneau si l'on en a.

Environ vingt minutes après avoir fait votre levain, vous commencez à détremper la moitié de vos œufs dans votre farine, il faut toujours tenir très-ferme cette pâte en commençant et alors vous la fouettez un peu, ce qui veut dire la soulever de dessus la table et la refrapper en la laissant tomber ; aussitôt ce mélange fait, vous remettez la moitié des œufs qui vous reste, et travaillez votre pâte comme avant ; ceci étant fait, vous mettez votre livre de beurre fin et le restant de vos œufs, tout en fouettant et travaillant votre pâte, alors elle devient lisse, vous la ramassez en un seul endroit, puis vous étalez légèrement, de manière que vous puissiez verser le levain dessus sans le faire retomber ; après avoir versé le levain, vous le recouvrez de pâte partout et vous coupez la pâte avec les mains et fouettez deux ou trois fois légèrement, à seule fin que tout soit bien mêlé ; puis, quand ceci est bien fait, vous mettez votre pâte dans une terrine et la laissez revenir pendant sept ou huit heures avant de vous en servir ; si l'on peut, environ trois heures après que la pâte est faite, on la rompt, ce qui veut dire la sortir de la terrine, la mettre sur la table que vous avez eu le soin de saupoudrer de farine, afin que votre pâte ne colle pas, vous la frappez deux ou trois fois sur tous les sens en la ployant, puis vous la mettez en boule dans la terrine, la laisser revenir jusqu'au moment de s'en servir, une fois quelle a été rompue, il faut la mettre au frais, le plus possible,

N° 8. — PATE A SAVARIN

Vous prenez cinq cents grammes de farine passée au tamis, vous la mettez sur votre table et vous faites un trou au milieu, vous mettez vingt grammes de levure que vous écrasez en petites miettes, puis vous prenez un peu de lait chaud (même chaleur que l'eau du levain de la brioche), et vous délayez un peu cette levure avec le lait, en lui faisant prendre environ un quart de la farine, vous travaillez un peu pour lui donner du corps et le faites un peu ferme ; quand cela est fait, vous retirez bien ce qui est après votre main, vous formez une boule et vous couvrez entièrement avec le reste de votre farine et laissez revenir environ une demi-heure.

Pendant ce temps, vous préparez dix grammes de sel et trois cents grammes beurre fin et sept ou huit œufs entiers que vous cassez dans un bol, puis dans une assiette trente grammes de sucre en poudre.

Quand tout ceci est fait, vous commencez à mêler le sel avec la valeur de trois ou quatre œufs dans la farine ou le levain, tenir très-ferme en commençant, pour pouvoir donner bien du corps à votre pâte, en la fouettant bien plus que pour la brioche, ne mêlez qu'un œuf à la fois ; après avoir bien travaillé cette pâte avec les œufs, elle se trouve molle, vous y ajoutez votre beurre que vous travaillez avec le quart environ de votre pâte, pour commencer, afin qu'il soit parfaitement mêlé et qu'il ne fasse pas perdre le corps de votre pâte ; alors il ne vous reste plus que le sucre à mélanger, vous vous y prenez de la même manière que pour le beurre et surtout beaucoup fouetter la pâte pour la faire souffler ; quand votre pâte est bien finie et bien lisse, vous la mettez dans une terrine et la laissez revenir comme la brioche, en ayant soin de la rompre environ trois ou quatre heure après qu'elle est faite. Si c'est l'été, je conseille de faire cette pâte le matin de bonne heure et à midi de garnir les moules et de les laisser revenir sans les presser, en hiver, il faut faire revenir à la chaleur.

Il y a plusieurs manières de faire cette pâte, mais je crois celle-là bonne, et j'assure que rarement on la manque.

N° 9. — DE LA LEVURE

A Paris, les Pâtissiers peuvent vous vendre de la levure qui soit bonne, mais il arrive que dans les villes de province l'on est obligé d'aller à la brasserie qui ne peut vous donner qué de la levure liquide. Pour l'employer, voici ce qu'il faut faire : la mettre dans une terrine avec beaucoup d'eau et la faire dissoudre comme il faut, puis laisser reposer ce mélange, quand la levure est tombée au fond de votre terrine et que l'eau de dessus est revenue claire, vous la faites couler doucement, jusqu'à ce qu'il ne reste plus que le fond, alors une cuillerée à bouche pleine représente la valeur de dix grammes de levure. Si vous voulez la conserver plusieurs jours, égouttez l'eau de dessus votre levure le matin et le soir, et remplir la terrine d'eau fraîche : ne pas oublier de bien remuer pour faire partir l'odeur qui se produit.

N° 10. — PATE A CHOUX

Vous prenez un litre d'eau que vous mettez dans une casserole, de contenance de cinq ou six litres, puis cinq cent grammes de beurre fin, que vous coupez en morceaux, dix grammes de sel et vingt grammes de sucre ; vous mettez le tout à bouillir ; pendant ce temps, vous tamisez cinq cents grammes de farine et cassez seize œufs dans un bol ; aussitôt que votre eau et beurre bout comme il faut, c'est-à-dire que, par la force de l'ébulition, cela monte prêt à se sauver par-dessus le bord, vous retirez de côté la casserole et vous y ajoutez la farine, en ayant soin de remuer comme il faut avec une cuillère de bois ou spatule, afin que cette pâte ne fassse pas de grumeaux, puis vous la remettrez au feu en ayant soin de remuer très-vite, pour ne pas la laisser attacher et vous la laissez ainsi environ dix minutes, c'est ce qui s'appelle la dessécher ; alors vous la retirez du feu et vous y incorporez les œufs en trois ou quatre fois, sans oublier un peu de fleur d'oranger ; si les œufs ne sont pas tout-à-fait gros, il en faut mettre un de plus, comme si, ils le sont de trop, des fois, n'en mettre que quinze œufs, avec cette pâte vous faites plusieurs sortes de petits gateaux, tels que : Choux grillés, Choux crême, Choux glacé, Pain de la Mecque, Eclairs, etc., etc.

N° 11. — FEUILLETAGE

Vous prenez cinq cents grammes de farine passée au tamis, vous y faites un trou au milieu et ajoutez dix grammes de sel fin, vous détrempez avec de l'eau et pas trop mou ni trop ferme; le quart de litre d'eau doit suffire, si c'est l'été l'on détrempe selon le beurre, un peu plus mou, sans cela il serait impossible de travailler la pâte. Quand votre détrempe est faite, vous la laissez reposer dix minutes, puis vous beurrez, c'est-à-dire que, après avoir applati votre détrempe, vous mettez cinq cents grammes de beurre au milieu, et vous ployez sur les quatre côtés afin de bien l'enfermer et que cela forme un carré.

Pour faire le travail de cette pâte, il faut la tourer ; pour cela faire, vous l'abaissez par petits coups la longueur de soixante à soixante dix centimètres, quand elle est abaissé vous la ployez par tiers en donnant un coup de rouleau, et cela vous reforme le carré, vous le retournez dans le sens qui n'a pas été abaissé et vous lui faites subir le même travail, cela s'appelle avoir donné deux tours ; immédiatement vous le portez dans un endroit bien frais. Environ dix minutes après, vous lui redonnez deux tours en lui faisant subir la même préparation et le reportez au frais, ce qui lui fait quatre tours, dix minutes après vous redonnez les deux derniers tours, ce qui fait six et vous donnez un coup de rouleau sur tous les sens, sans appuyer trop fort et vous pouvez détailler, votre pâte est faite.

Vous détaillez les vol-au-vent de l'épaisseur de deux centimètres, les gateaux aux amandes un demi-centimètre d'épaisseur et les petits gateaux même grosseur que pour les gateaux d'amandes, pour les bouchées un centimètre d'épaisseur suffit, toute cette pâte n'importe qu'elle façon vous lui donnez, il faut la retourner sans dessous dessus une fois prête à dorer, pour éviter que la coupe ou la taille n'empêche de monter.

Je n'ai pas marqué beurre fin à cette pâte, parcequ'il vaut mieux employer le beurre de ferme, c'est un beurre qui se trouve vendu en livre ronde et plate, le choisir bien bon et surtout bien ferme, c'est la qualité qui convient le mieux, parcequ'elle a beaucoup plus de corps que n'importe lequel.

N° 12. — GALETTE FEUILLETÉE

La galette feuilletée se détrempe et se travaille la même chose que le feuilletage, au lieu de dix grammes de sel, en mettre douze, trois cent cinquante grammes de beurre suffisent, et ne lui donner que cinq tours et demi, le demi tour s'obtient en ne ployant qu'en deux, au lieu de trois, pour la farine cinq cents grammes.

N° 13. — GATEAU DE PLOMB

Vous détrempez cinq cents grammes de farine avec trois cent soixante-quinze grammes de beurre fin, dix grammes de sel fin, vingt grammes de sucre en poudre, cinq œufs entier, deux jaunes et un peu de lait; travaillez comme la pâte à brioche, la tenir très-ferme et reposer avant de s'en servir.

DEUXIÈME PARTIE

N° 14. — DES BISCUITS

Nous entrons dans une partie où les proportions sont l'élément des pâtes, la propreté et le soin ainsi que le parfum ne doivent pas manquer, sans cela, il pourrait arriver des accidents, qui sans être très couteux, sont fort ennuyeux par la perte du temps que l'on ne peut rattraper, l'on n'a jamais trop de soins et l'on n'en prend jamais assez.

N° 15. — BISCUIT DE SAVOIE

Ce biscuit se fait ainsi : vous prenez une terrine dans laquelle vous mettez cinq cents grammes de sucre en poudre, vingt grammes de sucre vanille avec douze jaunes d'œufs et deux œufs entiers, avec la cuillère de bois, vous commencez à mêler légèrement le sucre dans les jaunes, puis quand le sucre est entièrement bu, vous travaillez plus vite jusqu'à ce que la pâte devienne blanche ou commence à blanchir ; du reste, pour vous assurer si les jaunes sont assez travaillés, vous formez sur la pâte une raie avec la cuillère, et si elle ne se referme immédiatement, c'est que votre pâte est prête ; alors vous prenez en neige vos douze blancs d'œufs (à défaut d'un bassin, dans une soupière) assez ferme pour que le fouet laissé au milieu ne tombe pas ; ceci fait, vous mêlez environ un quart de vos blancs dans les jaunes, puis deux cents grammes de farine passée et deux cents grammes de fécule un peu faible et, tout en mélangeant la farine, le reste des blancs, mêlez légèrement la pâte sans trop la battre, et, pour que le mélange soit bien fait, il faut que la pâte soit lisse.

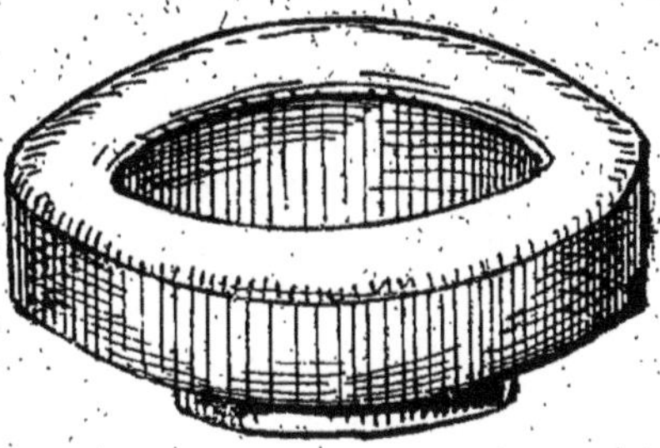

Ce moule sert à faire les Savarins, l'Augustine, l'Amandine et trois grandeurs superposées ; il se nomme l'Impérial.

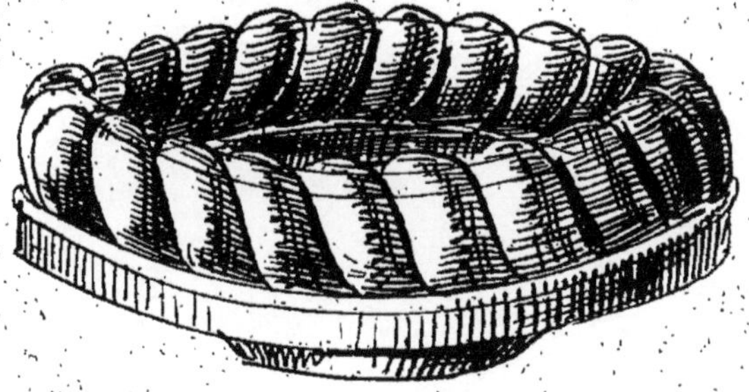

Moule dit Trois-Frères.

Tous ces moules se trouvent maison TROTTIER, 118, rue de Vaugirard.

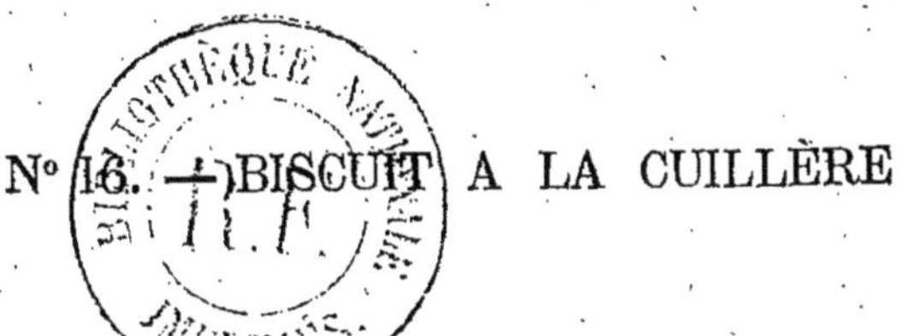

N° 16. — BISCUIT A LA CUILLÈRE

La même préparation comme travail que le biscuit de savoie, seulement les proportions sont cinq cents grammes de sucre en poudre, vingt jaunes d'œufs et vingt blancs battus, et, avant de mélanger cinq cents grammes de farine tamisée, ne pas oublier de mettre un peu d'eau de fleur d'oranger, et surtout de faire ce mélange bien légèrement pour ne pas faire retomber la pâte.

N° 17. — SUCRE VANILLÉ

Broyez deux onces de vanille, moitié bourbon et mexique avec un kilo sucre ; ne mettre le sucre que par petite quantité et passez souvent au tamis de soie, quand tout est bien pilé, qu'il ne reste aucun résidus, mettre ce sucre dans une boîte en fer blanc hermétiquement fermée.

Je place ici le sucre vanille, parce que dans l'emploi de ces pâtes je suis obligé de vous en parler souvent.

Nº 18. — BISCUITS AUX AMANDES

Vous broyez cent-vingt-cinq grammes amandes douces et trente grammes amandes amères avec cinq cents grammes de sucre en poudre ; quand ceci est bien pilé, vous le mettez dans une terrine avec vingt grammes de sucre vanille, seize jaunes d'œufs et deux œufs entiers, vous travaillez comme il faut le tout à la spatule ; quand ceci est bien prêt, vous faites fondre cent-cinquante grammes de beurre fin, puis, vous prenez en neige et très ferme vos seize blancs, et vous mélangez d'abord cent cinquante grammes farine tamisée et cent cinquante grammes fécule, les blancs, et, à moitié mélangé, vous versez le beurre qui doit être presque froid.

Nº 19. — BISCUIT GÉNOISE

Vous prenez sur le feu très-doux, pour ne pas faire cuire votre pâte, d'ailleurs elle ne doit que tiédir, je répète donc, mettez sur le feu dans un bassin, cinq cent grammes sucre en poudre avec seize ou dix huit œufs entiers, selon la grosseur, quand à force d'être battus, votre pâte est bien

Moules pour Babas.

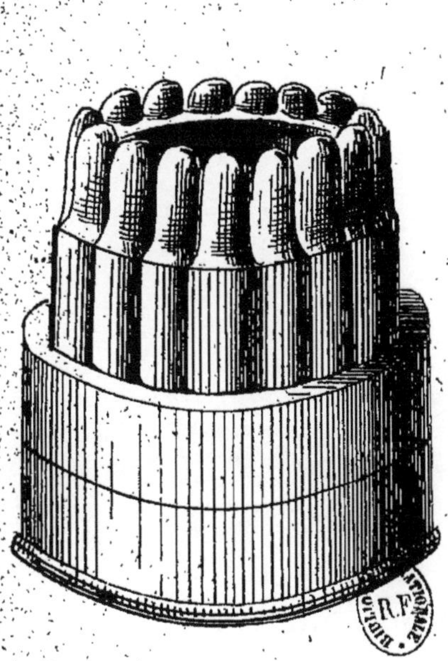

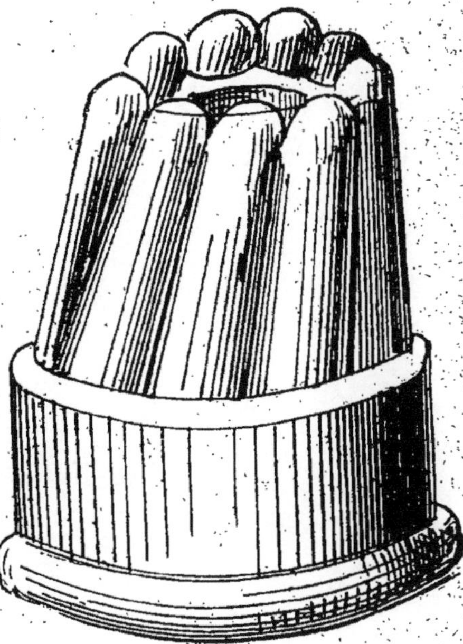

mousseuse, et qu'en en retirant le fouet les gouttes qui en tombent restent sur la pâte, c'est qu'elle est assez prise ; alors, vous mêlez légèrement vingt grammes sucre vanille, ou un peu d'eau de fleur d'oranger, cinq cents grammes de farine tamisée et quatre cents grammes de beurre fin fondu que vous versez tout doucement tout en mélangeant la farine.

Nº 20. — MADELEINE

Vous fouettez à froid dans une terrine cinq cents grammes sucre en poudre avec douze œufs entiers et quatre jaunes ; quand ceci est bien léger, vous y incorporez un peu d'eau de fleur d'oranger et vous mêlez légèrement cinq cent grammes farine tamisée et cinq cent grammes beurre fin fondu et surtout qu'il ne soit plus chaud.

Nº 21. — MERINGUE

La meringue se fait généralement à dix ou douze blancs, battus en neige très-ferme, pour cinq cents grammes de sucre en poudre et vingt grammes de sucre vanillé ; mais je conseille les dix blancs d'œufs plutôt que les douze, parce qu'elle se trouve moins légère, se tient beaucoup mieux, et plus facile à travailler.

N° 22. — PLUMKECK

Vous mettez dans une terrine : cinq cents grammes de beurre fin que vous ramollissez auprès du feu comme une crème, en le travaillant avec la cuillère de bois; quand ceci est fait, vous y ajoutez cinq cents grammes de sucre en poudre, que vous travaillez le plus vite possible, tout en mettant alternativement un œuf entier jusqu'au nombre de dix; si la pâte n'est pas encore tournée, qu'elle ait toujours du corps, vous continuez à mettre un œuf ou deux en plus; plus elle boit, mieux cela vaut. Aussitôt fait, vous y mettez cinq cents grammes de farine passée au tamis et pesée unp eu fort, avec un petit verre de rhum et un de vieux cognac; cent-vingt-cinq grammes d'écorces d'oranges hachées menues, ainsi que cent-vingt-cinq grammes d'angélique également confite, plus cent-vingt-cinq grammes de raisin de Smyrne et deux-cents grammes de Corinthe; surtout, que les raisins soient bien épluchés, et il n'est pas mauvais de faire tremper tout ces fruits, dans un peu de rhum. Vous pouvez, tout en faisant ce mélange, mettre cinq ou six grammes de carbonate amoniaque en poudre.

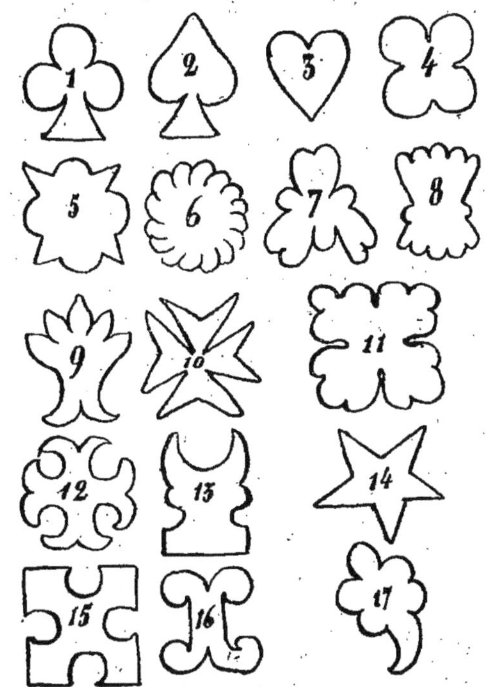

Emporte-pièce à petits fours, pour pâte sèche.

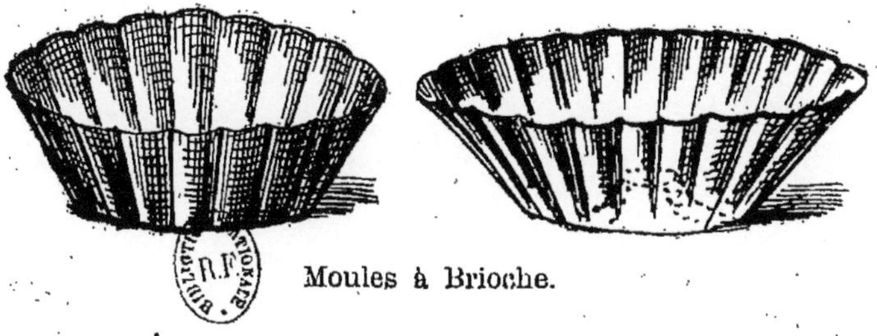

Moules à Brioche.

N° 23. — PAINS ANGLAIS

Vous broyez dans un mortier bien propre cent-vingt-cinq grammes d'amandes douces, bien fines, avec deux-cent-cinquante grammes de sucre en poudre, puis un œuf entier, cent-vingt-cinq grammes de beurre fin et deux-cent-cinquante grammes farine, puis dix grammes de sucre vanillé; quand ce mélange est bien fait, vous relevez votre pâte et la laissez reposer.

N° 24. — LANGUES DE CHATS

Vous mettez dans une terrine cinq-cents grammes de sucre pilé avec cinq-cents grammes de farine tamisée, et dix grammes de sucre vanillé que vous mélangez avec quarante ou cinquante centimes de crème fouettée (ou, si vous êtes à la campagne, environ un quart de litre de crème double que vous fouettez), puis vous prenez, en neige, dix blancs d'œufs et mêlez légèrement.

N° 25. — LANGUES DE CHATS AU BEURRE

Vous fouettez pendant cinq ou six minutes: cinq-cents grammes de sucre en poudre avec huit œufs entiers et dix grammes de sucre vanillé, quand ceci est fait, vous mélangez cinq-cents grammes de farine passée au tamis et trois-cent-soixante-quinze grammes de beurre fin fondu pas chaud.

N° 26. — CRÈME CHANTILLY

La meilleure des crèmes est la Chantilly : il n'y a rien de plus fin ; si vous êtes à Paris, mieux vaut l'acheter toute faite chez votre patissier ou votre glacier, mais, à la campagne, voici la manière de la faire presque aussi légère qu'à Paris. Si vous fouettez (avec un fouet de buis) un demi litre de crème double, soit dans une soupière ou un saladier, il faut bien la faire rafraîchir avant ; si même vous avez de la glace, l'en entourer avant de la prendre ; j'engage même à en mettre un petit morceau, bien clair, dedans, tout en la fouettant, et surtout ne pas la fouetter trop longtemps à l'avance, dans la crainte qu'elle aigrisse ; quand elle est prête, vous la finissez au parfum que vous désirez.

N° 27. — CRÈME FRANGIPANE

Mettre dans une casserole deux œufs entiers avec cent-vingt-cinq grammes de sucre en poudre et cent-

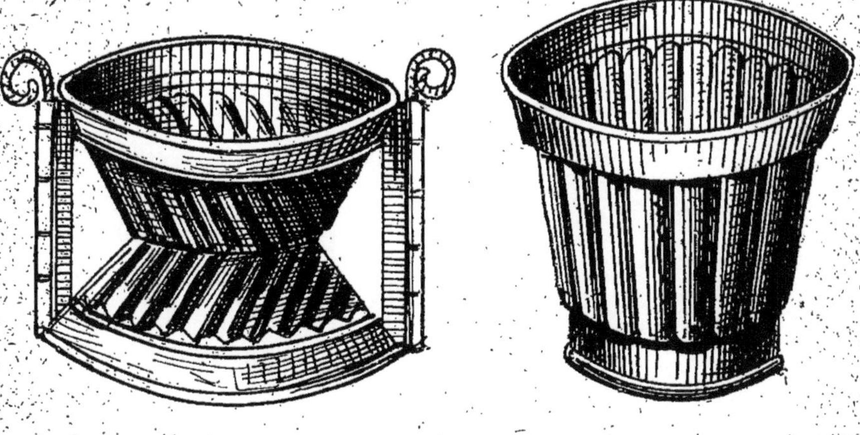

Moules pour Pâté ordinaire et Pâté chaud.

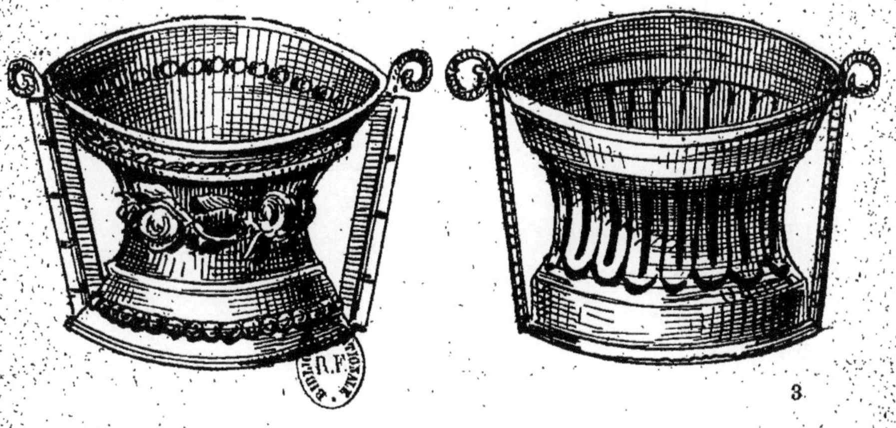

3

vingt-cinq grammes de farine tamisée, que vous délayez tout doucement, en commençant, avec un peu de
lait ; en mettre environ un demi litre pour la cuire
et remuer vivement sur le feu, pour éviter les grumeaux ; alors vous faites venir cinquante grammes
de beurre fin à la noisette et vous le versez dans
votre crème avec un peu d'eau de fleur d'oranger
et trois ou quatre macarons écrasés.

Ce qui s'appelle faire venir le beurre à la noisette,
est le faire cuire très-blond.

N° 28. — CRÈME A SAINT-HONORÉ

Vous mettez deux-cent-cinquante grammes de
sucre pilé dans une casserôlle avec cent-ving-cinq
grammes de farine tamisée, dix jaunes d'œufs et vingt
grammes de sucre vanillé ; vous travaillez le tout
ensemble comme il faut, puis vous ajoutez un demi-
litre de lait, et vous faites bouillir ce mélange ; si le
feu est ardent, remuez très-vite, parce que, sans
bouillir, elle pourrait attacher et prendre mauvais goût. Aussitôt bouilli, vous retirez de dessus le
feu et vous fouettez douze blancs d'œufs en neige
bien ferme que vous mêlez légèrement, et vous
garnissez.

N° 29. — CRÈME D'AMANDES

Vous broyez cinq cents grammes d'amandes (flots) émondées avec cinq cents grammes de sucre en poudre ; quand ceci est bien pilé, vous mettez cinq cents grammes beurre fin, et, tout en pilant, vous mettez deux œufs à la fois jusqu'au nombre de douze. Le mélange bien fait, la crème est prête à employer.

N° 30. — APPAREIL A CHARLOTTE

Vous mettez quatre jaunes d'œufs avec deux cents grammes de sucre en poudre dans une casserole, vous mélangez comme il faut et ajoutez quatre feuilles de gélatine que vous aurez laissées ramollir à l'eau froide environ cinq minutes, puis dix centimes de lait, et vous prenez doucement votre appareil sur le feu sans le laisser bouillir, le passez au tamis de soie et ne pas oublier vingt-cinq grammes de sucre vanillé.

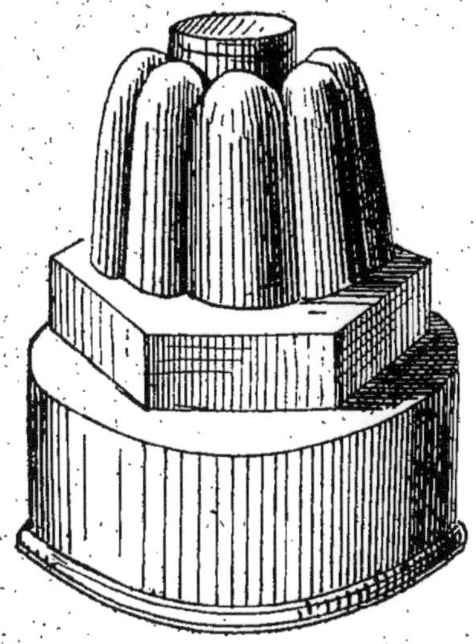
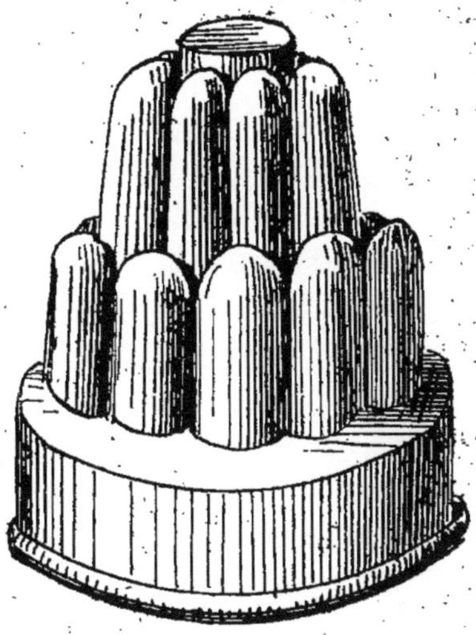

Moules pour Biscuit de Savoie et Gateau de Compiègne.

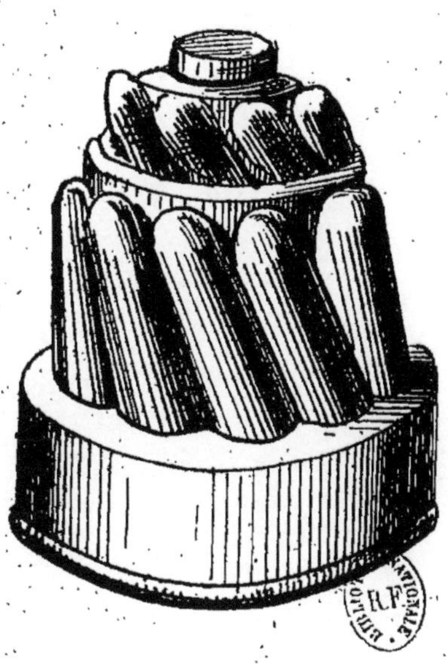
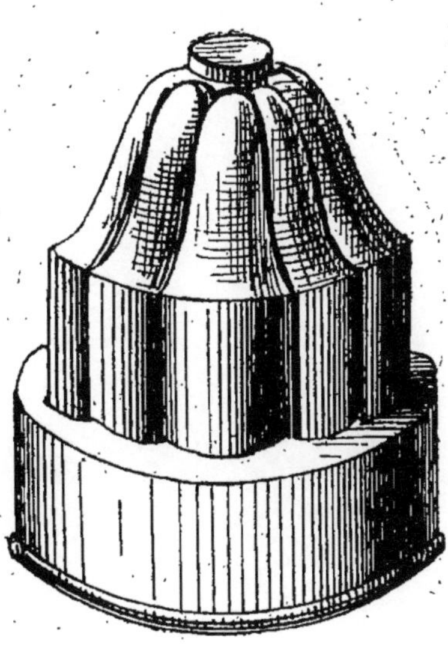

N° 31. — CRÈME MOKA

Vous mettez seize jaunes d'œufs dans une casserole avec cinq cents grammes de sucre en poudre que vous mélangez bien, puis un quart de litre, moitié café fort et moitié lait ; vous faites bouillir ; une fois cuite, vous passez au tamis fin et la mettez à refroidir de manière qu'elle soit presque froide ; quand ceci est prêt à point, vous mettez cinq cents grammes de beurre Isigny surfin et vous travaillez avec le fouet cet appareil, jusqu'à ce que cela forme une crème lisse, moëlleuse et bien légère.

N° 32. — CRÈME MOKA A LA ROYALE

Cette crème se fait par le même travail que le Moka ; elle ne diffère qu'en ceci : en place de lait, mettre du sirop d'orgeat ; alors la crème prend un goût beaucoup plus fin et qui plaît mieux.

N° 33. — DES PATES D'AMANDES

Ne pouvant vous démontrer que des pâtes que je suis certain que l'on peut faire seul, je suis forcé de restreindre beaucoup dans cette partie qui embrasse le petit four en général ; je me bornerai donc à vous en donner une dizaine de sortes les plus utiles.

N° 34. — PATES D'AMANDES

Vous broyez cinq cents grammes d'amandes douces, fraîches émondées, (pour les émonder, faire bouillir environ un litre d'eau ; quand elle est bouillante, jeter vos cinq cents grammes d'amandes dedans et ne les y laisser que le temps qu'en pressant sur l'amande, l'écorce s'en aille ; alors vous les égouttez dans une passoire à gros trous, les raffraichissez, puis vous les mettez sur votre table et les émondez ; une fois cela fait, les laver à l'eau fraîche, puis les essuyer dans un torchon propre.) Je répète donc, vous broyez cinq cents grammes d'amandes avec un kilo de sucre en poudre sans être déglacé, puis vous y

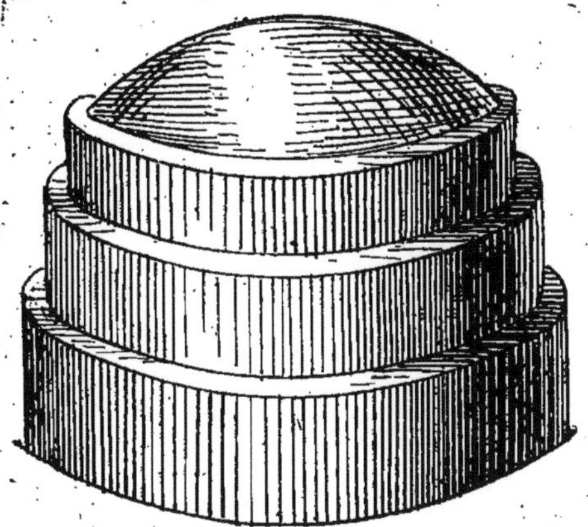

Forme du moule Richelieu.

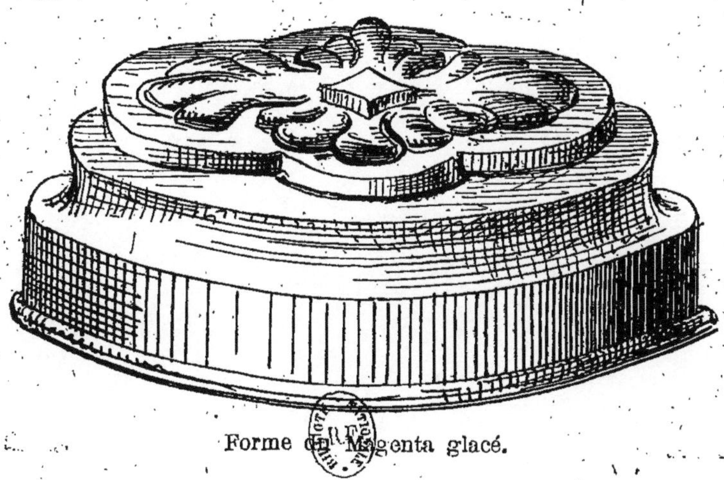

Forme du Magenta glacé.

incorporez la valeur de cinq blancs d'œufs et un peu de sucre vanillé, et vous broyez jusqu'à ce que ce mélange forme une pâte douce et sans aucun morceaux.

N° 35. — PATE A SOUFFLÉ

Vous broyez cinq cents grammes d'amandes avec cinq cents grammes sucre en poudre et cinq blancs d'œufs ; cela fait, vous mettez quarante grammes sucre vanillé et un kilo sucre en poudre sans être déglacé ; si cinq blancs d'œufs ne suffisent pas, vous en remettez un, mais tenez cette pâte très-ferme.

N° 36. — MACARONS

Même opération cinq cents grammes d'amandes, un kilo sucre en poudre, vingt grammes sucre vanille et six blancs d'œufs en pilant, puis battre en neige trois blancs d'œufs que vous mélangez avec une cuillère de bois dans votre pâte, il faut essayer et ne pas mettre les trois blancs entiers ; des fois deux ou deux et demi peuvent suffire.

N° 37. — MACARONS CHOCOLAT

Exactement comme le précédent, sauf les neuf blancs dans la pâte ; faire fondre dans une casserole, sans eau, une tablette et demie de cacao avec un peu de sucre vanillé, puis mettre la pâte dans la casserole et la faire chauffer, de manière à bien mélanger le chocolat.

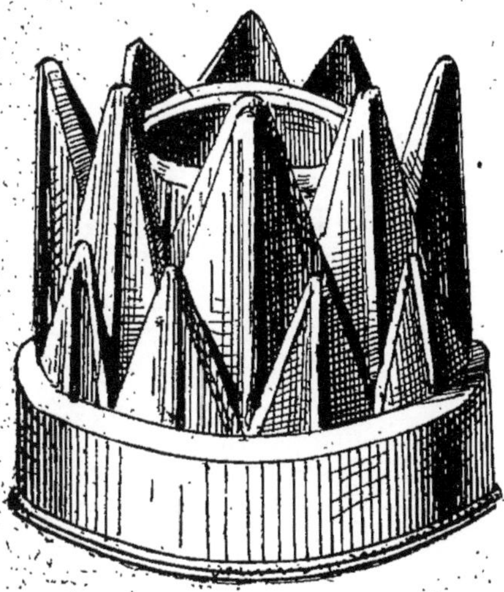 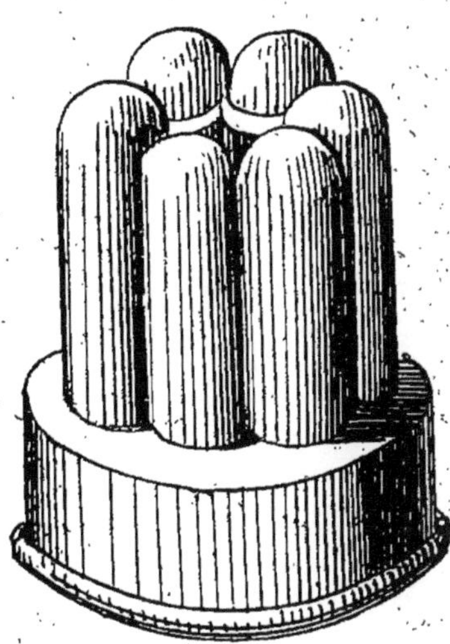

Moules pour grosses Madeleines.

 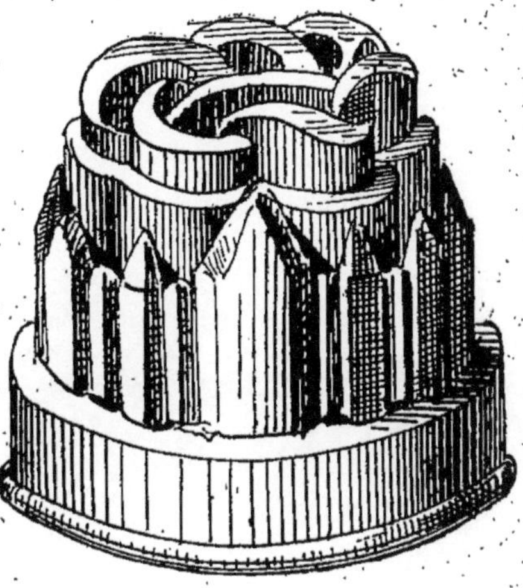

TROISIÈME PARTIE

N° 38. — DES ENTREMETS

Ici j'arrive aux plus grandes difficultés pour démontrer la manière de finir l'entremet ; j'ose espérer que vous me donnerez toute votre attention, car je serai souvent forcé de répéter, ne voulant pas faire comme dans les autres livres de pâtissserie qui vous donnent des recettes il est vrai, mais dont vous ne pouvez tirer parti, n'étant pas du métier, et manquant d'être assez expliqués.

N° 39. — LA GLACE DE SUCRE

La glace de sucre s'obtient en passant au tamis
de soie, du sucre pilé très-fin, avec deux-cent-cinquante grammes de glace de sucre ; vous pouvez
glacer un entremet pour huit ou dix personnes ; pour
faire que cette glace soit bonne et bien préparée pour
pouvoir l'employer à glacer le gateau, il faut la
mettre dans une petite casserole émaillée, à défaut,
en prendre une autre, y ajouter environ un petit
verre à liqueur de kirsch ou marasquin, etc., plus
la même valeur d'eau, la remuer comme il faut et la
faire légèrement tiédir ; puis, avant de glacer votre
gateau, il faut qu'il soit abricoté, que votre marmelade soit passée au tamis, que vous la fassiez réduire
un peu et abricotiez les gateaux à chaud ; cela ne fait
pas de mal de lui ajouter un peu de sucre en poudre
avant de la faire réduire.

Pour la glace au chocolat, faire fondre à une chaleur très-douce, la tablette de cacao et, comme cela
épaissit la glace, il faut remettre quelques gouttes
d'eau ; ne pas oublier un peu de sucre vanillé.

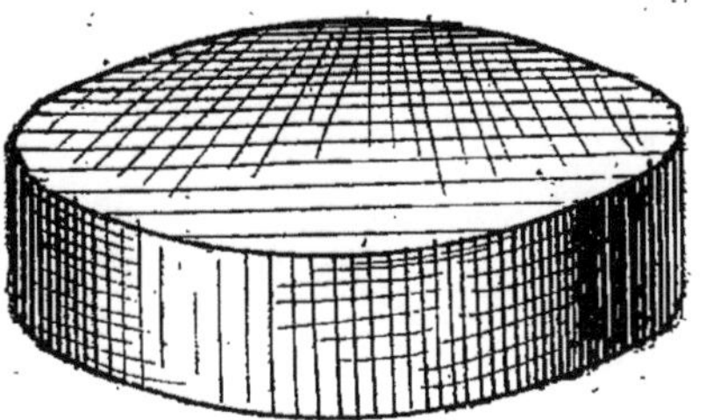

Moule à Génoise.

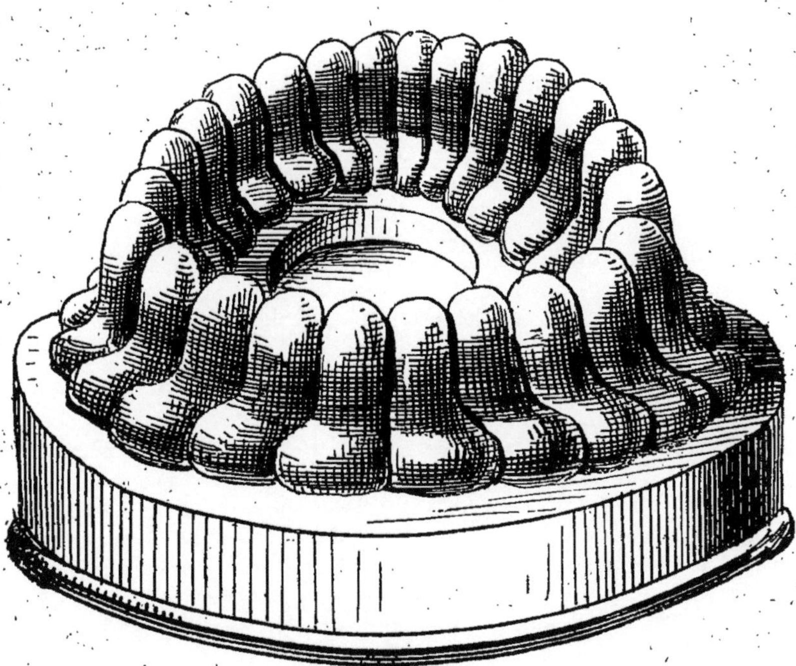

Moule à Solférino. Quand il est glacé, mettre des cerises
sur chaque côté.

N° 40. — DU PETIT SUCRE ET DES FRUITS

Il vous faut un peu de sucre en grains, gros comme la moitié d'un grain de blé, comme vous avez du remarquer sur les gateaux moka et un peu plus fin pour les petits fours, avant de vous en aller à la campagne votre pâtissier pourra vous en donner ce que vous lui en demanderez. Prendre le soin de toujours avoir un peu de fruits confits, tels que : raisin, écorce d'orange, chinois, poires et cerises, si l'on veut des abricots : peu de chaque.

N° 41. — CUISSON DU SUCRE

Pour cuire le sucre au cassé il faut prendre un poêlon ou une casserole très-propre et passer un peu d'eau chaude dedans pour qu'il ne soit pas gras, mettre deux-cents-cinquante grammes de sucre en morceaux, le faire fondre avec un peu d'eau, puis le faire cuire le plus vite possible, (il est bon de mettre une cuillère de glucose dedans, cela en facilite le travail et souvent l'empêche de tourner); quand il a bouilli une minute ou deux, vous le retirez du feu, l'écumez comme il faut, et nettoyez le bord du poêlon avec le doigt, tout en ayant soin d'avoir un peu d'eau froide à côté pour tremper le doigt au fur et à mesure ; comme vous touchez la partie du poêlon que vous nettoyez, vous le remettez sur le feu en ajoutant un peu de jus de citron, si vous n'avez pas mis de glucose, et vous laissez cuire. Quand vous le croyez assez cuit, vous trempez le doigt vivement dedans et encore plus vite dans l'eau froide, puis vous mettez ce sucre sous les dents, s'il casse sans coller, c'est que votre sucre est prêt ; alors vous le retirez de dessus le feu et vous en servez.

N° 42. — MANIÈRE DE COUCHER LA PATE A CHOUX

Pour pouvoir coucher la pâte à choux, vous avez une poche à laquelle vous adoptez une douille de la grosseur voulue, cette douille et la poche ont la forme d'un entonnoir, vous mettez la pâte dedans et vous avez le soin, en poussant, de bien serrer l'ouverture du haut de la poche, et, aussitôt que vous avez fait sortir la quantité ou la grosseur de pâte que vous désirez, immédiatement desserrez un peu du haut pour que, ne poussant plus, il ne coule plus de

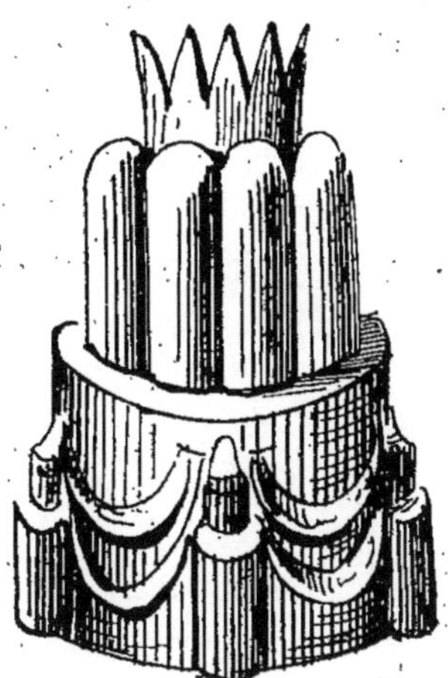 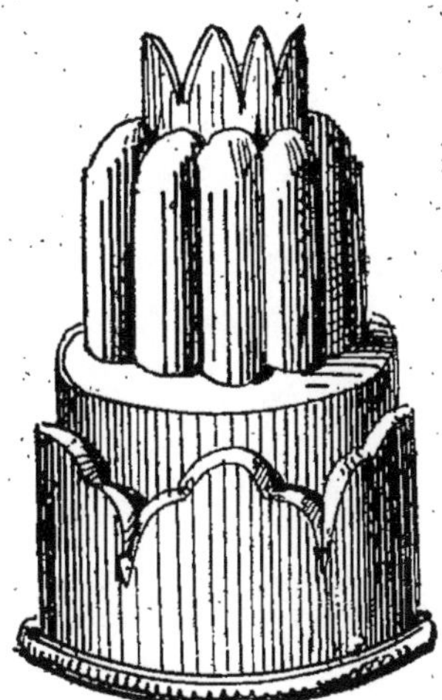

Nougats avec la couronne de dents de loup.

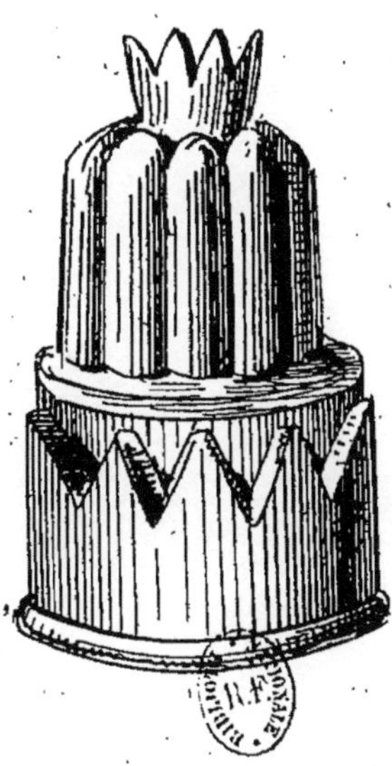 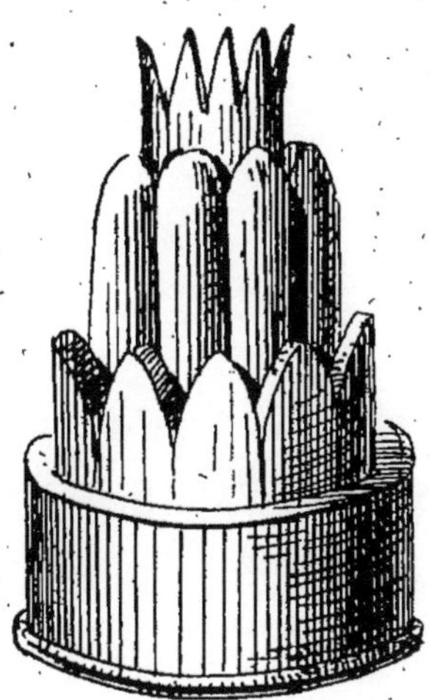

pâte et qu'en tirant votre poche il ne sorte rien de la douille, si ce sont des éclairs que vous voulez coucher vous faites une petite longueur de sept à huit centimètres et de la grosseur de la douille; si ce sont des choux, couchez la moitié d'une boule grosse comme une pièce de cinq francs, vous les dorez et mettez un peu d'amandes hachées dessus avec un peu de sucre ; si ce sont des pains de la Mecque, vous les couchez à la cuillère de la grosseur de la moitié d'un œuf, et vous mettez un petit tas de sucre sur la longueur ; pour les choux glacés, la même chose que pour les choux grillés, sauf que dessus on ne fait que les dorer, et, une fois cuits, on les ouvre un peu sur le dessus pour faire entrer la crème à l'intérieur et les garnir, bombez avec la crème à Saint-Honoré.

° 43. — FLANS

Foncez un cercle; pour foncer un cercle il faut faire une abaisse très-mince de l'épaisseur d'une pièce de dix centimes, puis vous avez votre cercle que vous avez beurré à froid, vous mettez votre pâte dessus et arrangez bien le tour, en faisant tomber la pâte; puis, avec le rouleau, vous coupez; quand ceci est fait, vous redressez un peu le tour en le pinçant avec les doigts, puis, avec une pince en cuivre, vous faites quelques incisions sur le rebord, le plus près possible les unes des autres; puis, quand ceci est fait, vous garnissez, soit de cerises, abricots ou prunes dont vous avez eu le soin de retirer les noyaux, et ne pas oublier de mettre un peu de sucre pilé dessous et dessus le fruit, faire cuire à four chaud et, une fois cuit, mettre un peu de sirop épais dessus et servir.

Pour les petits, même opération, seulement, foncer des moules à tarteletter avec l'emporte-pièce cannelé.

N° 44. — FLAN DE FRAISES

Foncer le flan de la même façon, seulement, le garnir avec un rond de papier et le remplir avec un peu de petit riz très-bon marche le faire cuire ; quand il l'est, le dégarnir et le repasser au four pour le faire sécher un peu. Quand cette croûte est froide, la garnir de fraises épluchées, les bien serrer les unes contre les autres, et siroter avec un peu de confitures de groseille, ramollies avec un peu d'eau, il est bon de mettre un peu de sucre en poudre sous le fruit avant de garnir, et surtout de ne siroter qu'au dernier moment.

Petit moule à Biscuit de Savoie

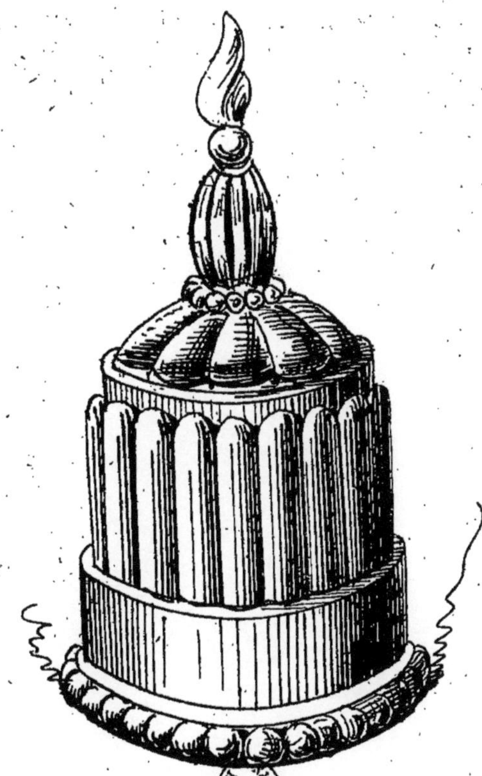

Nougat garni d'oranges bordé de petits choux.

N° 45. — FLAN DE POMMES

Foncer comme les autres, sans le pincer ; le garnir plein d'une bonne marmelade de pommes, mêlée avec un peu d'abricots ; alors vous abaissez un peu de pâte très-mince, plus mince que pour foncer le flan et, avec un grand couteau, vous faites de petites bandes étroites que vous placez dessus votre flan après en avoir mouillé le bord et les placez un peu serrées, cela fait, vous mouillez le dessus de ces bandes légèrement, puis vous placez les autres dessus et dans l'autre sens, de manière que cela forme un grillage en losange, alors vous dorez deux fois et le faites cuire à four chaud ; quand il est cuit, vous passez le pinceau dessus avec un peu de confitures de groseille, mais très-légèrement.

N° 46. — FLAN DE POIRES

Même façon de le foncer que le flan de cerises ; seulement le garnir de pommes à moitié et mettre huit ou dix poires, selon la grosseur ; le faire cuire à four chaud, et, une fois cuit, le siroter avec un peu de confiture de groseilles. Pour mettre les poires dans le flan, il faut les faire cuire avant dans un sirop léger dans lequel vous avez mis quelques gouttes de carmin rouge. Mieux vaut un verre de vin.

N° 47. — GATEAU D'AMANDES

Faites deux abaisses en feuilletage ; en mettre une sur la tourtière, la mouiller autour et garnir le milieu de crème d'amandes, l'épaisseur d'un centimètre, puis vous remettez l'autre abaisse dessus et vous appuyez avec le bout du pouce sur les bords ; ceci fait, vous coupez bien rond et faites quelques incisions autour, espacées de deux centimètres, le dorez comme il faut et le rayez dessus avec un couteau pointu, en forme de rosace ; le cuire à four chaud, et, presque cuit, le saupoudrer légèrement avec un peu de sucre ; le remettre au four, pour que ce sucre fonde et colore un peu, ce qui lui donne un brillant comme le vernis. Ce que nous appelons dorure, est un œuf cassé dans un bol, et battu comme il faut avec une fourchette. Pour dorer les gâteaux, se servir d'un pinceau.

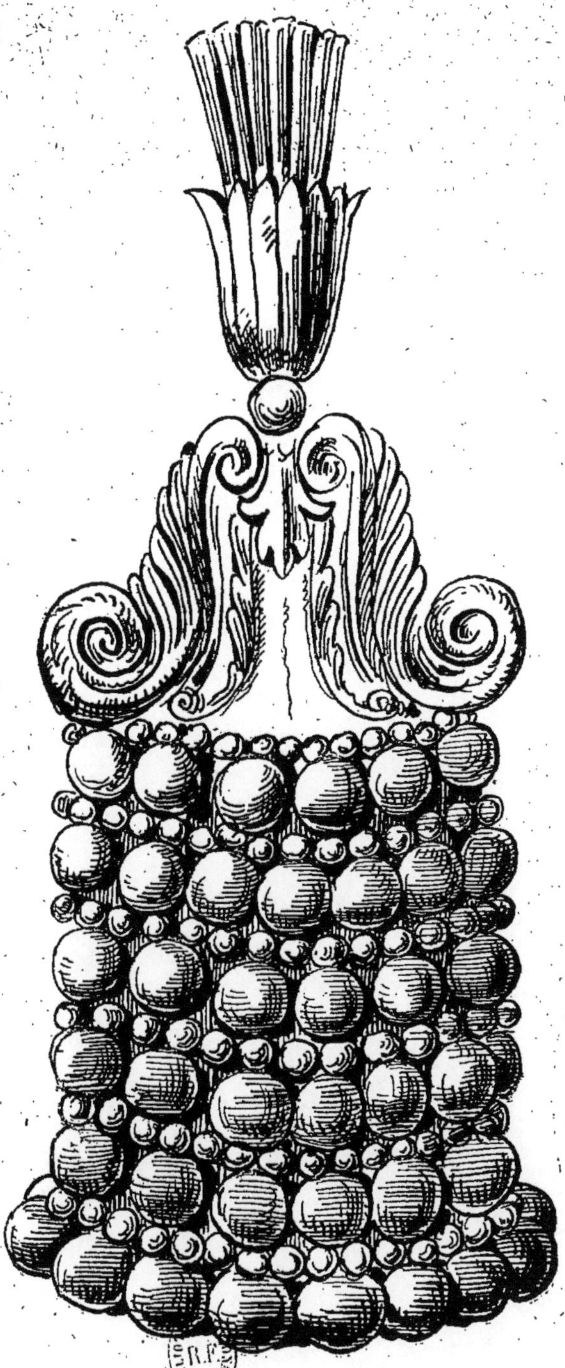

Croque-en-bouche de choux et cerises, avec aigrette.

N° 48. — FOURÉ A L'ABRICOT

Se fait exactement comme le gâteau d'amandes ;
seulement le garnir d'abricot épais, le cuire à four
chaud et le finir comme le gâteau d'amandes.

N° 49. — PETITS PATÉS

Vous faites des petites abaisses à l'emporte-pièce,
de la grandeur d'une pièce de cinq francs, vous
garnissez le milieu d'une petite farce fine, puis vous
les couvrez, les appuyez avec un emporte-pièce plus
petit, vous les dorez, et, cuit à four chaud, c'est un
des bons hors-d'œuvre, après le potage. Pour l'épaisseur, voir feuilletage.

N° 50. — BOUCHÉES

Les tailler avec un coupe-pâte, canelées, un peu
plus grandes que des petits pâtés, les retourner

avant de les mettre sur la plaque, les dorer et faire dessus la marque du couvercle ; une fois cuites, les ouvrir et retirer le milieu, qui est une mie, puis, au moment de servir, les garnir d'un salpicon ou d'une bonne garniture financière, sans oublier un peu de truffes coupées en dès. Se cuisent à four chaud. Pour l'épaisseur, voir feuilletage.

N° 51. — VOL AU VENT

Le tailler de la grosseur qu'on désire (voir l'épaisseur au feuilletage), ne pas le faire attendre avant de le mettre au four, le laisser cuire pas trop vite, et le dégarnir comme les bouchées. Ne pas oublier de marquer le couvercle une fois doré. Pour la garniture, une bonne financière ou poisson, etc., etc.

N° 52. — TIMBALE

La croute timbale se fonce dans un moule à charlotte avec de la pâte à foncer ; la garnir de papier rempli de petit riz, puis lui faire une crête comme à un pâté et un couvercle ; ne pas oublier de la piquer un peu au fond, pour éviter qu'elle cloche ; la faire cuire à four chaud ; quand vous la croyez assez cuite, la dégarnir et la dorer partout, puis la remettre au four pour sécher un peu.

Socle historié pour grosse pièce.

5

N° 53. — GROS PATÉ

Le foncer avec la pâte à pâté, de près d'un centimètre d'épaisseur ; le garnir comme il faut, puis faire une abaisse en pâte à pâté ; la mouiller pour qu'elle colle bien ; vous la mettez pour fermer votre pâté, puis vous appuyez assez fort avec les doigts pour faire une crête, et, avec la pince, vous faites des incisions tout autour, après l'avoir rognée bien également ; ceci fait, vous dorez cette crête, mouillez le milieu et vous rapportez un autre couvercle dessus, mais qui ne couvre que le milieu du pâté ; vous dorez et rayez, et au four. Plus le pâté est gros, plus il faut éviter le four trop chaud.

N° 54. — BRIOCHE A TÊTE

Prendre de votre pâte, cinq-cents grammes, la tourner dans les mains, pour en faire une boule ; en remettre une dessus pour former la tête, lui faire autour cinq ou six incisions assez profondes avec la pointe du couteau, la dorer et la faire cuire à four pas trop chaud ; si vous n'avez pas de moule, la mettre sur un carré de papier d'office, beurré à froid.

N° 55. — BRIOCHE MOUSSELINE

Cette brioche se fait dans un moule à charlotte ; vous la laissez revenir environ une heure et vous faites cuire à four pas trop chaud.

N° 56. — COUQUES

Avec cinq-cents grammes de pâte, vous faites douze petits pains, que vous laissez revenir environ une demi-heure, puis vous les dorez et les faites cuire à four chaud ; au moment de servir, les garnir d'un peu de beurre fin, salé légèrement, et les servir chauds ; ceci se fait spécialement pour le thé.

N° 57. — BRIOCHE EN COURONNE

Roulez votre pâte en boule, laissez reposer environ dix minutes, mettez un peu de farine dessus le milieu et, avec les cinq bouts des doigts rassemblés, vous faites un trou que vous élargissez tout douce-

Pavillon en nougat, monté sur rocher.

ment et le plus également possible de la grandeur
que vous désirez votre couronne ; quand cela est fait,
vous mouillez la tourtière autour, placez votre couronne dessus et appuyez un peu les bords en dedans
et en dehors, puis vous dorez et, avec un ciseau,
faites les incisions sur le milieu comme si c'était un
seul coup de couteau ; faire cuire à four chaud.

N° 58. — COURONNE AU FROMAGE

Faire la couronne exactement comme la précédente
seulement, avant de la mouler, mettre dans la pâte
des petits dès de fromage ; puis, une fois dorée et
ouverte, mettre dessus des lames minces de fromage
de gruyère.

N° 59. — BABA

Prendre une certaine quantité de pâte à Savarin,
y ajouter un peu de raisins de Corinthe et de Smyrne
et un peu d'écorce d'oranges hachées ; vous beurrez
bien votre moule, le remplissez un peu plus que la
moitié et vous le faites revenir plein le moule
quand il est revenu à point, le mettre au four, pas
trop chaud, une fois cuit vous faites un sirop ; deux

cent-cinquante grammes de sucre, un quart de litre d'eau ; le faire cuire deux ou trois minutes et mettre un demi-verre de rhum dedans ; ceci fait, vous trempez comme il faut votre gâteau, qu'il boive bien puis vous le laissez égouter quelques minutes et vous pouvez servir.

Nº 60. — BABA A LA JUIF

Mouler le baba pareillement, uné fois cuit en place de le siroter, le rouler chaud dans du sucre en poudre.

Nº 61. — SAVARIN

Prendre le moule, le beurrer comme il faut, mettre au fond un peu d'amandes hachées, le garnir avec la pâte, sans rien mettre dedans le laisser revenir comme pour le baba, ne pas le garnir plus de la moitié du moule et le cuire à four pas trop chaud. Au lieu de le siroter au rhum, vous faites bien le sirop, mais vous mettez dedans un petit verre de kirsch, un d'anisette et un de marasquin.

Gateau Breton fait en biscuit aux amandes, glacé et décoré.

N° 62. — GORENFLOT (DIT)

Garnir un moule à six côtes, en pâte à Savarin, dans laquelle vous avez mis un peu de fruits hachés et d'écorces d'oranges, le faire revenir une fois cuit le siroter comme le savarin ; ajouter au parfum du sirop un peu d'orange et de sirop d'orgeat.

N° 63. — MAZARINE

La mazarine se fait également en pâte à savarin, dans un moule à charlotte ; lorsqu'elle est cuite, vous faites un sirop au kirsch et au marasquin, puis vous coupez le gâteau en trois lames et garnissez de petits dès d'angélique passés au sirop entre chaque tranche et vous sirotez comme il faut. Ce gâteau se sert chaud.

N° 64. — COMPIÈGNE

Ce gâteau se fait en pâte à Savarin un peu plus ferme, et dans laquelle on met plus de jaunes d'œufs ;

en garnir un moule à biscuit de savoie bien beurrer, le laisser revenir et cuire à four pas trop chaud.

N° 65. — DUCHESSE

Avec la pâte à choux vous couchez des éclairs (quatorze ou quinze), et autant de petits choux que vous glacez au sucre cassé ; vous les montez et collez dans un moule à charlotte, en ayant bien soin qu'ils soient bien collés ; puis vous mettez sur le bout de chaqu'un des éclairs, un petit choux glacé, sur lequel vous avez mis en glaçant sept ou huit grains de sucre à moka. Quand ceci est fait, vous faites un fonds en pâte d'office, et vous coller ce gâteau dessus ; et, quelques minutes avant de servir, vous le garnissez avec de la crème Chantilly dans laquelle vous avez mis deux jaunes d'appareil à charlotte.

N° 66. — SAINT-HONORÉ

Pour faire un Saint-Honoré, faire une abaisse de pâte à foncer ; couchez autour, avec la poche, une couronne de pâte à choux de la grosseur de la

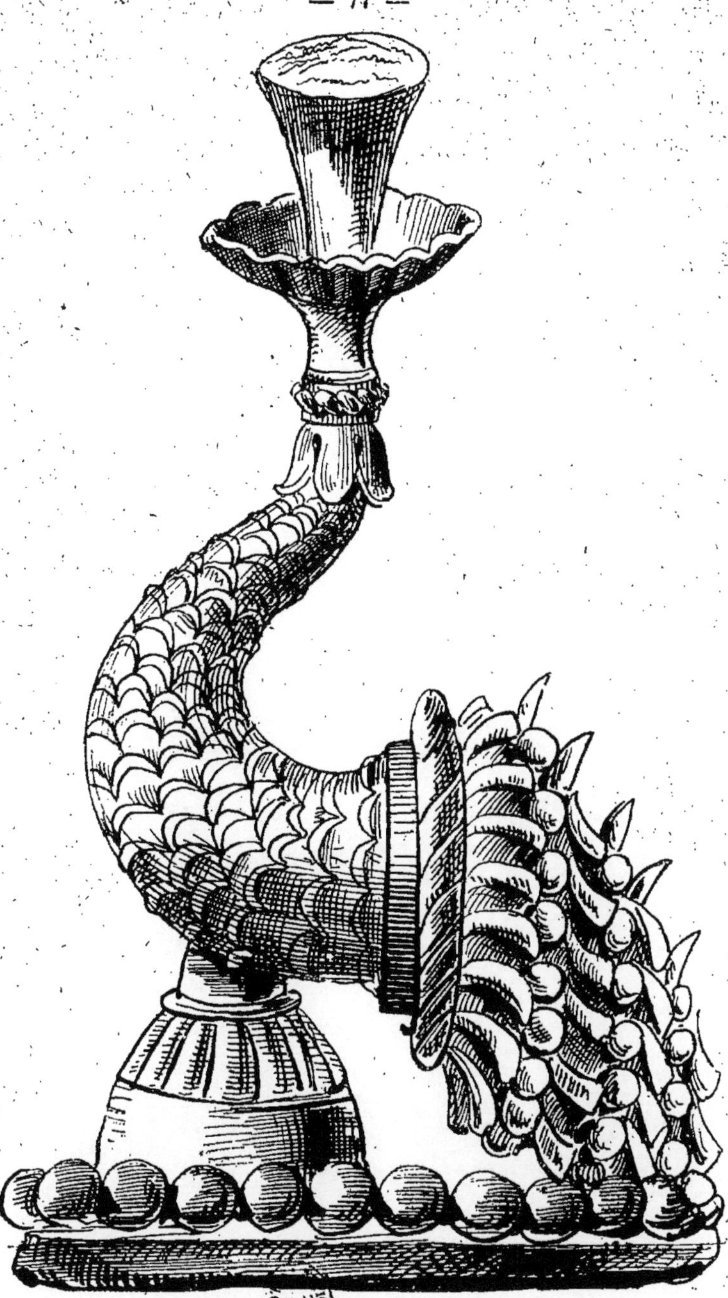

Corne d'abondance en nougat et fruits glacés.

douille; vous la dorez et la mettez au four ; puis, sur
une petite tourtière, une quinzaine de petits choux ;
une fois cuits, vous glacez les choux au sucre cassé
et les collez sur la bande les uns à côté des autres ;
puis la moitié d'une cerise sur chaque, et vous garnissez avec la crème. Voyez crème à Saint-Honoré.

Nº 67. — RELIGIEUSE

La religieuse se fonce dans un moule à génoise,
en pâte sèche ordinaire; la garnir de papier et de
petit riz, comme un flan de fraises ; puis la faire
cuire; une fois cuite, la dégarnir, la faire resécher,
et ne pas oublier de la dorér ; puis, vous la garnissez
de crème à Saint-Honoré, et superposez dessus une
douzaine d'éclairs, soit au café ou au chocolat.

Nº 68. — ECLAIRS

Pour faire des éclairs, après les avoir cuits à four
doux ; il faut les ouvrir en leur faisant une incision
dans toute la longueur ; les garnir de crème à Saint-
Honoré, dans laquelle vous mettez un peu de café ou

de chocolat ; il faut les abricoter sur le dessus, et vous les glacez, soit au chocolat ou au café, selon que vous les avez garnis ; vous les laissez sécher quelques minutes et vous les servez.

N° 69. — BISCUIT DE SAVOIE

Pour faire un beau biscuit de savoie, il faut essuyer son moule soi-même, et ne se rapporter à personne de ce soin ; faire clarifier un peu de beurre ; qu'il ne reste aucun détritus de lait dedans, puis vous le laissez presque refroidir ; alors vous beurrez votre moule en faisant couler le beurre partout ; quand vous avez bien fait cela, vous égouttez le moule et le secouez sans le cogner, puis vous le passez trois ou quatre fois dans du sucre sans être déglacé, et vous le retournez. Ceci fait, vous garnissez ; si le moule prend la valeur d'une demi-livre de pâte, vous pouvez être certain qu'il restera au moins trois quarts d'heure au four ; il ne faut pas emplir le moule plus des trois quarts et cuire à four doux.

Pour les petits, même opération, un à un, seulement les garnir plus pleins et les glacer dessus avec la glacière, avant de les mettre au four.

Forteresse en nougat sur rocher en sucre de conserve.

N° 70. — GALETTE FEUILLETÉE

Prendre la pâte, la rouler en boule en serrant et abaisser, mais pas plus mince que deux centimètres; la dorér et la rayer, et faire attention que le couteau n'entre pas trop profond. Cuire à four chaud et servir chaude.

Si on la veut plus mince, on abaisse davantage.

N° 71. — GATEAU DE PLOMB

Prendre la pâte, la rouler et la mettre dans un cercle à flan beurré, l'épaisseur de trois centimètres bien dorer et rayer comme un gâteau d'amandes en rosace; que le couteau marque bien; le four pas trop chaud, et laisser bien cuire. Ne pas craindre s'il sue un peu de beurre.

N° 72. — BISCUIT A LA CUILLÈRE

Prendre la même poche que celle à pâte à choux, avec la même douille; l'emplir de pâte à biscuit à la cuillère ; les coucher sur du papier d'office, un peu plus longs que des éclairs, et les glacer avec la glacière, un peu épais, avant de les mettre au four ; se cuit à four doux : quand ils sont cuits, décoller les biscuits avec un grand couteau pour éviter de les casser.

N°. 73. — MADELEINE

Emplissez votre moule ou vos moules, avec de la pâte bien faite ; la faire cuire à four doux, ceci peut se conserver deux ou trois jours en gros moule. Le gâteau sortant du four doit être d'une couleur jaune comme de l'or ; l'on n'a absolument besoin de rien y faire ; il se sert ainsi.

N° 74. — BISCUIT AUX AMANDES

Avec cette pâte vous faites le Breton, l'Impérial, le gâteau des Iles, le Sicilien, le Richelieu, le Solférino, le Malesherbes, le Mignon, le Mexicain, le Magenta, le Bourdaloue, le Victoria, l'Amandine, le Viennois, etc., etc.

Tous ces gâteaux dérivent de cette pâte, buiscuit aux amandes ; ils changent de forme, il y en a une

Gâteau des Iles en biscuit aux amandes, glacé et décoré.

momenclature indéfinie; la pâte ne diffère que par
un peu plus d'amandes ou un peu moins, tel ou tel
arôme, etc., etc. C'est toujours à peu près la même
composition, cuire à four doux pour les finir; ce
sont des gâteaux glacés au goût que l'on désire, et
la couleur qui vous plaît, le décor dépend du goût;
je vous en ai mis quelques-uns sur planche pour que
vous vous en rendiez compte, et que vous les fassiez
dans ce genre s'il vous convient.

N° 75. — GÉNOISE

Avec cette pâte nous faisons le gâteau génoise,
gâteau qui a deux ou trois moules pareils, super-
posés l'un sur l'autre, abricoté avec la marmelade
réduite, un peu épais et décoré avec quelques cerises
confites dessus. Se cuit à four doux.

N° 76. — LE GALICIEN

Un moule de génoise abricoté et glacé avec de la
glace à la pistache, couleur vert tendre, et, comme
décor un peu de pistaches hachées sur le milieu; l'on
ne fait pas mal de mettre un peu de sirop d'orgeat
dans la glace et du sucre vanillé avant de le glacer;

puis le fendre au milieu, et le garnir de crème cuite
avec un peu de pistaches broyées, bien fine, que
vous mélangez à la crème.

N° 77. — MOKA

Vous prenez un moule de génoise que vous coupez
par le milieu ; vous le garnissez de crème un peu
épaisse à l'intérieur, vous le masquez entièrement
de crème, et jetez dessus quelques grains de gros
sucre ; et puis, avec une douille cannelée, que vous
mettez dans votre poche avec de la crème, vous faites
quelques roses autour et une grosse sur le milieu.

N° 78. — MOKA A LA ROYALE

Prendre le moule à Breton ; si on n'en a pas, un
moule à Savarin fait en pâte à génoise ; le mettre sur
un fond en pâte sèche ordinaire, le masquer autour
et dessus de crème moka, faites exprès jeter quelques
grains de gros sucre autour, faire une bordure de
crème sur les côtes avec la douille cannelée, et y
mettre une belle prune de reine-claude sur chacune
des côtes, et, au moment de servir, garnir le milieu

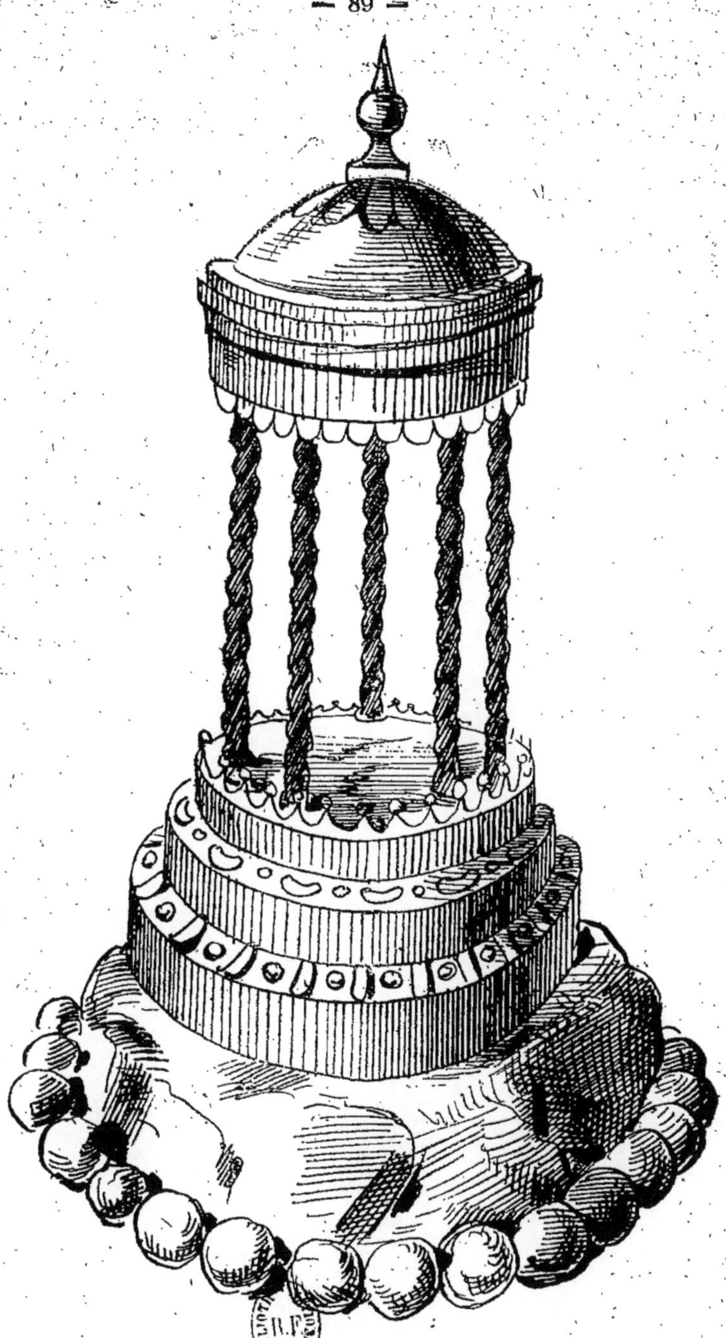

Temple en nougat et fruits sur rocher.

avec une crème Chantilly au café bien ferme, et garnir le plus en pointe possible.

N° 79. — LE GÉNOIS

Ce gâteau se fait comme la génoise, seulement abricoté et glacé dessus et autour au kirsch, et décoré avec des fruits sur la glace.

N° 80. — L'AUGUSTINE

Une couronne de génoise faites dans un moule à Savarin, mise sur un fond en pâte sèche ordinaire, abricoté et glacé à l'orange, garnis au milieu d'une bonne Chantilly à la vanille ; le décor est une cerise tout le tour et une moitié d'amande, piquée entre les cerises.

N° 81. — LE RÉGENT

Gâteau fait en génoise, trois abaisses dans des cercles à flan de la même grandeur ; les mettre sur un fond en pâte sèche ordinaire, et bien abricoter chaque couche et décorer dessus avant de le glacer au maras-quin. Ce gâteau est plus large que haut.

N° 82. — LE MANDARIN

Moule à génoise fendu en deux, et garni au milieu d'une crème fine, cuite, dans laquelle vous avez mis, comme parfum, un peu de sucre que vous avez frotté sur l'écorce d'une mandarine ; une fois garni, l'abricoter et le glacer à l'orange, décorez dessus, le milieu d'un beau chinois blond, et faire une cou-ronne de morceaux de chinois, coupés en huit sur le bord du gâteau.

N° 83. — DES GLACES

Moules à génoise ; abricotez et glacez, soit au rhum, au café, au chocolat, à la fraise, à la groseille, à l'ananas, etc.

N° 84. — CHARLOTTE RUSSE

Garnir un moule à charlotte de biscuit à la cuillère ; après les avoir bien parés, selon la groseur, faire

Coupe superposée en nougat garnie de sucre filé pour former
le jet d'eau ou fontaine.

fondre l'appareil ; pour le mélanger, il faut avoir sa crème Chantilly toute prête ; aussitôt, comme l'appareil commence à prendre, le mêler avec la crème, remuer vite, et, une fois bien mêlé, garnir, couvrir de papier et d'un couvercle, et mettre de la glace brute autour et dessus, pour qu'au moment de servir elle soit bien prise et bien froide, il est bon de mettre un papier au fond du moule, avant de foncer la charlotte.

Elle se fait au goût que l'on désire, vanille, café, etc., etc.

N° 85. — L'ORIENTAL

Il faut prendre cinq-cents grammes de crème d'amandes, y ajouter deux-cent-cinquante grammes de farine tamisée, puis trois œufs entiers, mélanger le tout, comme il faut, pendant quelques minutes, et y mettre un peu d'eau de fleur d'oranger ; le faire cuire dans un cercle à flan, beurré et fariné, ainsi que la tourtière ; le faire cuire à four doux ; une fois cuit, l'abricoter à chaud et jeter du petit sucre dessus. Ceci fait, l'on peut servir ; c'est un bon gateau pour le thé.

N° 86. — PLUMKECK

Une fois votre pâte faite, vous beurrez le moule, puis vous mettez un papier écolier au fond et une belle bande autour, plus haute que le moule à charlotte ; si vous n'avez point de moule à charlotte, dans une casserole ; puis vous garnissez aux trois quarts du moule, et faites cuire à four doux.

N° 87. — MERINGUE

Vous couchez, avec la pâte à choux, vos meringues sur du papier d'office, de la grosseur de la moitié d'un œuf (sur le côté ovale), vous les glacez un peu épais dessus avec du sucre sans être déglacé, puis vous les mettez sur des planches bien mouillées et au four doux ; quand elles sont jaunes comme de l'or, vous les levez une à une, et les retournez, en faisant bien attention de ne pas les abimer ; puis, vous les placez sur une plaque d'office ; quand vous les avez toute relevées ; vous les glacez légèrement et les mettez à sécher au four, le plus doucement possible ; quand ceci est fait, vous pouvez les conserver dans

Gâteau Bordelais, fait en Oriental et garni d'une aigrette
en sucre filé.

un endroit sec, plusieurs jours, et, au moment de servir, les garnir d'une bonne Chantilly bien vanillée.

N° 88. — NOUGAT

Vous mettez quatre-cents grammes de sucre en poudre dans un poêlon très propre, avec environ une cuillère à bouche de vinaigre ou de jus de citron, vous préparez cinq cent grammes d'amandes hachées, pas trop fines, que vous mettez à la bouche du four, ou auprès du fourneau, pour qu'elles chauffent ; aussitôt prêtes, vous faites fondre le sucre en le remuant doucement, pour l'empêcher de brûler ; quand il est bien fondu, vous le retirez et vous versez vos amandes sur une feuille de papier d'office ; alors vous repassez le poêlon sur le feu, sans remuer, et, au premier bouillon, vous jetez les amandes dedans, puis vous remuez avec la cuillère, quelques tours seulement, pour éviter de faire tourner votre nougat, puis vous le renversez sur une tourtière ; alors vous faites de petites abaisses de nougat et dans le moule que vous voulez le faire, vous les posez bien serrées les unes contre les autres et le plus vite possible, et, avec un citron, vous appuyez, pour bien former les côtes ; quand votre nougat est monté, vous mettez dessus quelques losanges en nougat ou quelques oranges glacées, et une poire sur le milieu, et, au bas des oranges, une cerise également glacée. Tout en montant votre nougat, laissez celui qui est sur la tourtière, auprès du feu ou à la bouche du four, pour qu'il conserve sa chaleur et que vous puissiez le travailler.

(Tous les moules à Génoise ou à glacés se beurrent avant de les garnir; il n'est pas mauvais de les fariner).

Triple Corne d'abondance, sur socle.

QUATRIÈME PARTIE

Des petits Fours

Nº 89. — PAINS ANGLAIS

Prendre la pâte, la couper en morceaux gros comme une noix ; leur donner la forme de petits pains, en les roulant ; les poser sur des plaques bien beurrées et pas trop près les uns des autres ; les couper dans le milieu, presque auprès de la plaque, les dorer deux fois et les cuire à four chaud ; aussitôt cuits, ne pas attendre qu'ils soient froids pour les retirer de dessus les plaques ; avec cette pâte, faire des petites boules grosses comme la moitié d'une noix, les ranger sur des plaques beurrées, les dorer deux fois, mettre dessus une moitié de cerise et les cuire. C'est un des meilleurs fours secs.

N° 90. — FOURS EN PATE SÈCHE

Avec la même pâte, vous faites à l'emporte-pièce cannelé des petites galettes dorées au jaune d'œuf, et cuites à four chaud ; faire l'abaisse pas plus épaisse qu'une pièce de cinq francs. Vous faites également des couronnes sur lesquelles vous mettez un peu de petit sucre, et les cuire à four moins chaud ; puis, avec les coupe-pâtes, pique ou trèfle, ou autres, vous faites des petites abaisses que vous dorez au jaune d'œuf et sur lesquelles vous mettez une moitié de cerise ou d'amande, et faites cuire à four vif.

N° 91. — LANGUE DE CHAT

Vous commencez par beurrer et fariner les plaques, puis vous prenez une douille trois fois plus petite que pour la pâte à choux, et vous couchez les langues la longueur de six à sept centimètres ; cuire

Le Sicilien en pâte à Génoise, glacé et décoré à la glace royale.

à four pas trop chaud, et les relever de dessus les plaques aussitôt sorties du four.

N° 92. — PALAIS DE DAMES

Vous faites avec la pâte à Plumkeck ce petit four, en le couchant sur du papier d'office, et pas plus gros qu'une pièce de cinq centimes ; les cuire à four pas trop chaud, et les décoller de dessus le papier avant de servir.

En place de fruits hachés et de gros raisins dans la pâte, il ne faut mettre que des raisins de Corinthe.

N° 93. — OLIVES BLANCHES

Vous prenez de la pâte d'amande, une petite quantité : deux cent-cinquante grammes à peu près ; vous la coupez en vingt ou vingt-cinq morceaux que vous roulez en forme d'olives, en mettant une pistache au milieu ; puis vous les passez dans un peu de blanc d'œuf, et les roulez dans du petit sucre. Une fois finis, vous les rangez sur un papier et les laissez sécher environ une nuit.

N° 94. — OLIVES CHOCOLAT

Faire fondre une tablette de cacao, la mêler avec la pâte, et remettre un peu de blanc d'œuf, parce que le cacao épaissit, retire le corps à votre pâte, puis vous les finissez comme les précédentes, sauf qu'au milieu vous mettez une moitié d'amande, coupée en deux pour former le noyau.

N° 95. — AMANDES ABOUKIR

Vous prenez un peu de pâte d'amande dans laquelle vous mettez un peu de carmin vert, puis vous formez des olives et les rangez sur une feuille de papier d'office, puis vous prenez des amandes émondées que vous fendez en deux et vous en placez une moitié sur chaque, en ayant soin de la tremper un peu dans le blanc d'œuf pour qu'elle colle à la pâte ; vous appuyez légèrement dessus, puis vous les mettez à sécher, et quand vous voulez les servir, les glacez au sucre cassé.

Chalet en nougat, sur un rocher en biscuit.

N° 96. — SOUFFLÉS ROSES

Vous prenez un peu de pâte à soufflé que vous faites en boule, en mettant dans le milieu un raisin de Smyrne ; quand vos boules sont ainsi faites, les passer dans un peu de blanc d'œuf dans lequel vous avez mis un peu de carmin rouge ; puis, ceci fait, vous les roulez dans le petit sucre, les relevez sur une plaque très-propre et les mettez au four doux. Ne pas les laisser prendre de couleur dans les fentes que fait faire le travail en cuisant.

N° 97. — BATONS A LA VANILLE

Vous abaissez de la pâte à soufflé d'une longueur de trente centimètres sur cinq de largeur et de l'épaisseur de deux pièces de cinq francs, puis vous étalez légèrement sur cette pâte un peu de glace faite avec un peu de blanc d'œuf, un peu de sucre vanillé et un peu de glace de sucre que vous travaillez quelques minutes avant de vous en servir ; vous parez votre abaisse pour avoir les proportions que je vous ai dit, et vous coupez des petits bâtons de la largeur d'un centimètre et demi ; puis vous les faites cuire à four doux, et, aussitôtque le travail est fait, faire attention de ne pas les laisser jaunir.

Nº 98. — MACARONS

Les coucher comme des palais de dames sur du papier, et surtout ne pas oublier de les essayer avant ; s'ils sont trop mou, les glacer légèrement avec la glacière ; si, au contraire, ils sont un peu ferme, les mouiller légèrement dessus avec un pinceau, et les cuire à four doux.

L'on en fait aussi des ovales couchés, petits, sur lesquels on met, au milieu, un losange d'angélique, et l'on sème un peu de petit sucre dessus.

Nº 98 (bis). — MACARONS CHOCOLAT

Les coucher comme les autres, et en faire également de deux sortes ; bien se méfier à la cuisson ; souvent on ne les croit pas assez cuits, et ils le sont de trop ; vous en faites deux sortes, comme les autres ; au lieu d'angélique, mettre de l'orange. Pour pouvoir les retirer de dessus le papier, il faut, une fois froids, retourner la feuille et mouiller le papier comme il faut, le laisser pendant quelques minutes ; puis, au bout de ce laps de temps, vous enlevez le papier, et retirez les macarons d'après, sans les abimer.

Corbeille en nougat et fruits.

Nº 99. — PETITES GÉNOISES GLACÉES

Vous pouvez faire une caisse en papier, si vous n'en avez pas en cuivre, la remplir de pâte à génoise, de l'épaisseur d'un centimètre et demi ; une fois cuite, vous la laissez refroidir et vous la coupez en petits carrés, carrés longs ou losanges, ou à l'emporte-pièce rond, puis, vous les abricotez et glacez de deux ou trois goûts et couleurs.

Nº 100. — FRIANDS

Couchez en biscuit à la cuillère des petits ronds ou des petits bâtons sur papier d'office ; une fois cuits, les décoller, les retourner et les creuser un peu, puis vous les abricotez et glacez avec la glace au parfum que vous désirez, et vous pouvez les garder deux ou trois jours.

FIN.

Socle historié pour grosse pièce.

DERNIÈRES NOUVEAUTÉS

—

LE GATEAU RICHE

Bel entremet qui réunit tout ce que peut désirer le bon goût : beauté et finesse.

LE GATEAU BOURDON

Déjà si connu et apprécié des gourmets : conservant toute sa fraîcheur, même entamé de quinze jours.

(Tous deux mes innovations et propriétés de ma maison).

Ici se termine ce premier ouvrage ; je m'empresse d'ajouter que, si sur quelques points, j'ai manqué de précision pour être compris, je serai toujours prêt à étendre mes explications, en offrant aux acquéreurs de mon livre, de venir voir faire à mon laboratoire les articles qu'ils désireraient mieux connaître : *Pâtisserie des Tuileries*, 167, rue St-Honoré.

TABLE DES MATIÈRES

TABLE DES MATIÈRES

DEUXIÈME PARTIE

TROISIÈME PARTIE

TABLE DES MATIÈRES

QUATRIÈME PARTIE

TABLE DES MATIÈRES

DERNIÈRES NOUVEAUTÉS

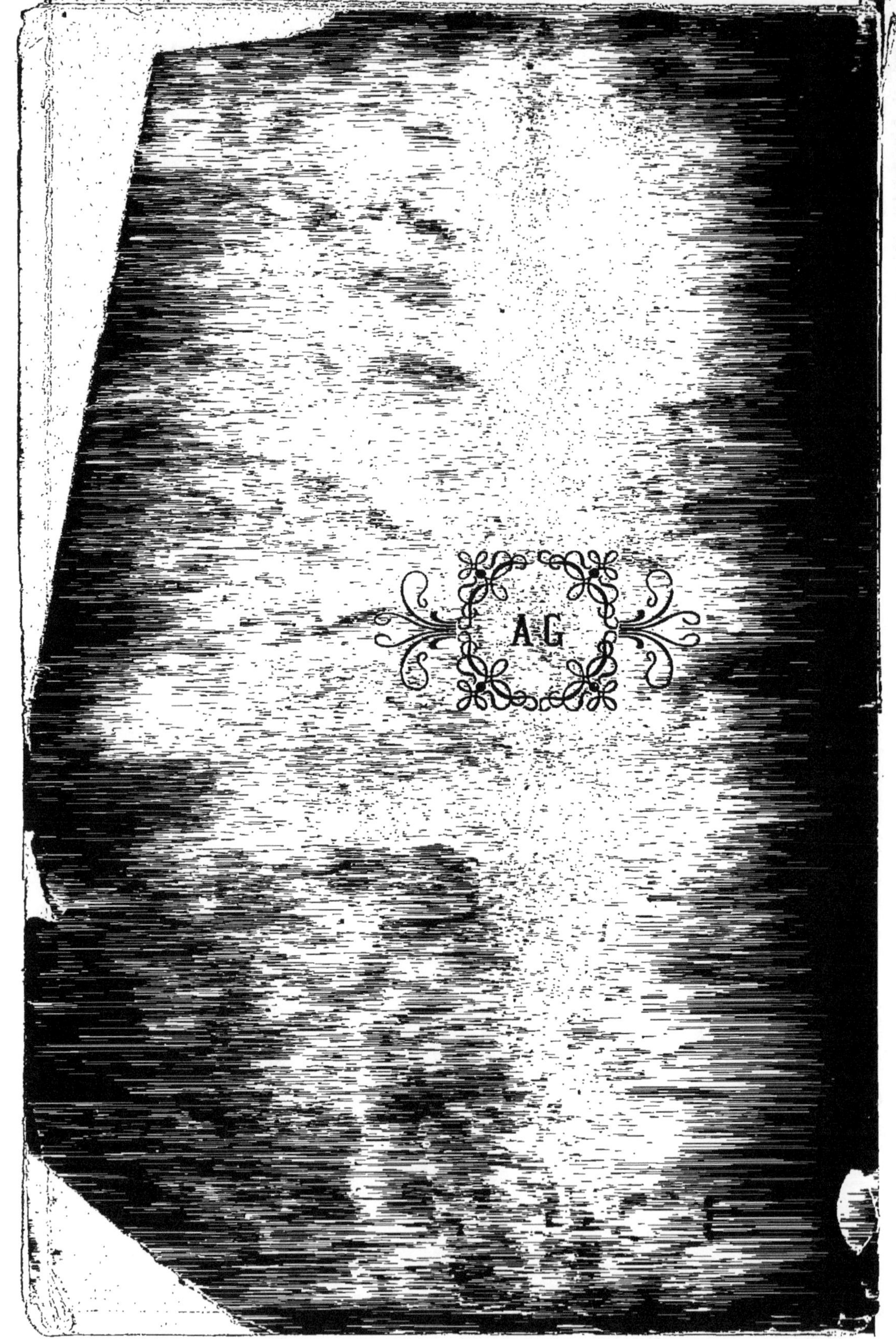

www.ingramcontent.com/pod-product-compliance
Ingram Content Group UK Ltd.
Pitfield, Milton Keynes, MK11 3LW, UK
UKHW020847120726
13693UKWH00002B/864